CODE

DE

L'OPÉRATEUR PHOTOGRAPHE

PAR

A. BELLOC

PROFESSEUR DE PHOTOGRAPHIE

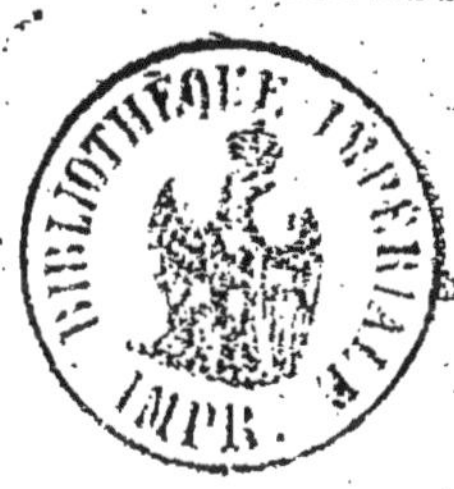

Extrait de l'Annuaire du Cosmos

PARIS

A. TRAMBLAY, DIRECTEUR DU COSMOS

Rue de l'Ancienne-Comédie, 18.

LEIBER ET FARAGUET

Librairie centrale des sciences, rue de Seine, 13.

1860

Paris. — Imprimerie de W. REMQUET et Cie, rue Garancière, 5.

CODE

DE

L'OPÉRATEUR PHOTOGRAPHE

Les succès de vogue, et naturellement si légitimes, qu'ont successivement et progressivement obtenus les quatre traités de Photographie publiés par M. A. Belloc, nous ont engagé à emprunter à ces ouvrages, désormais consacrés par l'expérience, les formules et les procédés les plus nouveaux et auxquels la plupart des praticiens se sont ralliés.

Nous avons, du reste, fait appel à l'obligeance, pour ne pas dire au dévouement de M. Belloc, au sujet des procédés inédits dont ce maître a enrichi son répertoire personnel depuis sa dernière publication.

—

La photographie a déjà son histoire. Quelques

mots suffiront pour en retracer les principaux traits.

Le premier germe de cette merveilleuse découverte, qui contribuera puissamment à illustrer le XIXe siècle, remonte à 1765. Scheele, le célèbre chimiste suédois qui vivait alors, est *peut-être* le premier qui ait reconnu la propriété des sels d'argent.

La langue grecque a baptisé d'un nom harmonieux et savant comme elle, cet admirable moyen de traduire par la lumière les images produites dans la chambre noire. Un de nos élèves les plus distingués, M. Fillemin, sous-préfet, homme de haut mérite, a paraphrasé ce nom grec dans un hexamètre latin, qui nous semble joindre la précision d'une formule scientifique à l'élégance d'un beau vers :

Luminis auxilio rerum servare figuram.

C'est là une très-belle définition dont nous remercions et dont nous félicitons l'auteur et que nous sommes heureux de faire connaître. La photographie, en effet, est le moyen d'obtenir des images par l'action de la lumière sur les iodures et les chlorures d'argent.

Dès l'année 1802, Davy avait publié en commun avec Wedgewood une note curieuse ayant pour titre : *Description d'un procédé pour copier des peintures sur verre et pour faire des silhouettes par l'action de la lumière sur le nitrate d'argent ;* mais ce ne fut qu'en 1824 que Nicéphore Niepce parvint définitivement à fixer sur des écrans métalliques les images de la chambre noire. Il employait le baume de Judée et l'essence de lavande. Son procédé encore imparfait ne donnait que des images confuses et exigeait un temps considérable, ce qui le détermina à accepter la collaboration de Daguerre, déjà connu par l'invention du Diorama. Tous deux travaillèrent à perfectionner cette découverte qui ne fût publiée que dix ans plus tard et dont Daguerre seul recueillit toute la gloire, car Niepce était mort depuis plusieurs années. Afin de rendre plus claire l'histoire de la photographie, nous considérerons successivement la photographie sur plaque métallique, la photographie sur papier et la photographie sur verre albuminé ou collodionné.

1. Photographie sur plaque.

Le perfectionnement apporté par Daguerre consistait surtout dans l'emploi de substances plus sensibles et dans l'influence qu'exercent les vapeurs mercurielles pour faire apparaître l'image sur la couche d'iodure. Cette première découverte en amena d'autres : ainsi M. Fizeau fixa les épreuves au moyen du chlorure d'or, et M. Claudet, en découvrant une substance accélératrice, le chlorure d'iode, hâta considérablement la production de l'image et obtint des portraits en 15 secondes. Puis les agents accélérateurs se multiplièrent de toutes parts, et en 1848 M. Becquerel produisit la première image photographique colorée du spectre solaire.

. . . .

2. Photographie sur papier.

M. Talbot est l'inventeur de la photographie sur papier; ce procédé consiste à former successivement deux images qui s'obtiennent par l'action de la lumière sur des papiers imprégnés de sels d'argent. Dans la première qui a reçu le nom de négative, les blancs sont représentés par des noirs et les noirs par des blancs; mais si l'on place sur l'épreuve négative une feuille de papier préparé comme la précédente, et qu'on les expose entre deux glaces à la lumière, on obtient évidemment une seconde épreuve inverse de la première où tout est rentré dans l'ordre naturel. Cette image est dite positive. M. Talbot avait présenté à la Société royale de Londres une collection variée de dessins photographiques avant que Daguerre eût révélé son secret.

M. Blanquart-Evrard rendit de très-grands services à la photographie sur papier en publiant une très-bonne méthode, en donnant à volonté aux épreuves la coloration qui leur est la plus convenable, et en amenant à l'état marchand les épreuves positives jusque-là très-chères et d'un très-petit format.

Enfin, on proposa les papiers revêtus de cire, d'albumine, de miel, de sérum et de gélatine; cette dernière substance fut indiquée en 1852 par M. Baldus, et les épreuves que l'on obtient par ce moyen sont encore aujourd'hui le chef-d'œuvre de la photographie sur papier.

3. Photographie sur verre albuminé.

La photographie sur verre est due à M. Niepce de Saint-Victor, neveu du grand Niepce; il employait comme substance impressionnable un mélange d'albumine et d'iodure de potassium qu'il rendait sensible au moyen de l'acéto-nitrate d'argent.

En 1850, M. Humbert de Molard décrivit un nouveau procédé qui avait pour base la coagulation de l'albumine, et qui donnait des épreuves à l'ombre en moins d'une minute. L'année suivante M. Talbot rendait l'albumine tellement sensible qu'elle recevait l'empreinte d'un disque couvert de lettres, tournant avec une extrême rapidité et éclairé instantanément par la lumière électrique.

Collodion.

Le collodion est une dissolution de coton-poudre dans l'éther alcoolisé; cette substance fut indiquée vers la fin de 1850 par M. Legray comme pouvant être substituée avec avantage à l'albumine. Puis suivirent les expériences complétement satisfaisantes de MM. Bingham et Cundell; mais c'est à M. Archer que revient l'honneur d'avoir publié en 1851 une méthode complète de photographie sur verre enduit de collodion, et d'avoir enseigné à transformer directement les négatifs en positifs. La première idée de cette transformation était due à M. Herschel, et bientôt on put la produire de différentes manières. M. Ad. Martin signala avec avantage le bain de cyanure double de potassium et d'argent, et obtint des positifs sur bois, sur fer-blanc, sur cuivre, sur acier. A ces noms nous ajouterons celui de M. de Brébisson dont la méthode permettait de saisir des vues de places et de marchés au milieu desquels s'agitait une foule compacte occupée d'affaires commerciales.

PROCÉDÉ DE PHOTOGRAPHIE
SUR COLLODION.

Introduction.

Le procédé de Scott Archer est tellement supérieur par la beauté et la constance de ses résultats ; il facilite et il accélère à un tel point les opérations, qu'il s'est définitivement substitué à tous les autres modes d'exécution.

Douceur, finesse, rapidité, rien ne manque à ce procédé qui, de plus, peut être employé à l'état sec.

C'est de ce procédé que nous allons nous occuper, bien persuadé que nous pouvons passer les trois autres sous silence, sans qu'il y ait pour cela la moindre lacune dans notre traité.

De l'Objectif.

L'appareil photographique se compose de deux parties bien distinctes, quoique d'ailleurs inséparables, l'objectif et la chambre noire.

La partie mécanique de l'appareil a son importance et doit être traitée avec soin. Le choix de l'objectif qui demande une grande expérience est décisif et constitue la principale difficulté.

Un objectif parfait est le véritable *desideratum*, pour ne pas dire la pierre philosophale du photographe.

On a beaucoup discuté le mérite des divers opticiens par rapport aux objectifs qu'ils peuvent fournir ; notre avis est que tous les opticiens, sans distinction de genre ou de nationalité, sont également habiles et en état de fournir d'excellentes lentilles. Cependant, malgré toute leur habileté, c'est à peine s'ils peuvent sur vingt objectifs, en produire un parfaitement bon ; aussi engageons-nous les opérateurs à essayer les lentilles, afin de s'assurer de la coïncidence des foyers et de la pureté des verres. Les objectifs de petit diamètre sont presque tous bons ; mais le commerce livre bien plus rarement des objectifs acceptables dans le diamètre de 81 m.m. et au-dessus.

Ceux qui ne connaissent la photographie que de nom s'imaginent volontiers qu'un objectif d'un grand diamètre peut et doit produire une grande image.

Un engouement suranné fait encore donner parfois la préférence aux objectifs allemands; mais cet engouement tend à disparaître.

Nos opticiens sont assez habiles pour que notre patriotisme soit en parfait accord avec nos intérêts, et c'est en toute impartialité que nous pouvons donner la préférence aux produits de la France.

Nous pensons, avec sir David Brewster, le

chef de l'optique moderne, que tout objectif plus grand que l'œil doit nécessairement déformer l'image qu'il produit. Sans adopter ce jugement dans un sens trop absolu, il faut bien reconnaître que les images les plus correctes et les moins imparfaites, sous le rapport de la ressemblance et de la pureté des lignes, sont le produit naturel et constant des objectifs 1/4 de plaque. L'objectif 1/2 peut encore donner de bons résultats; mais l'objectif plaque normale est rarement construit dans de bonnes conditions optiques; c'est pourquoi nous reviendrons souvent, et avec la plus vive insistance, sur l'importance du choix de l'objectif. Il est parfaitement vrai de dire que tout portrait, dont le masque dépasse 4 centimètres, ne peut être fatalement que la charge de l'original; nous engageons donc ceux qui font de la photographie une distraction, et non un commerce, à donner la préférence aux appareils demi-plaque, ou, du moins, à ne produire que de petites images avec de grands objectifs.

La retouche seule, venant au secours de l'opérateur, pourra corriger les monstruosités dues aux grands objectifs et produire même les effets que le public exige de l'artiste photographe, et lui permettra d'exposer ces figures énormes, déformées et grimaçantes, qui font cependant l'admiration du *bon* public.

De la chambre noire.

La chambre noire est, comme on sait, une boîte munie d'un objectif à sa paroi antérieure, et d'une glace dépolie à sa paroi postérieure. On l'appelle chambre *noire*, non parce qu'elle est noircie à l'intérieur, car elle pourrait être blanche sans inconvénient, mais parce qu'elle doit être privée de toute lumière, ou, du moins, ne recevoir que celle de l'objectif. L'image, prise par la lentille, est portée sur le verre dépoli qui la montre plus ou moins confuse, suivant qu'elle est plus ou moins loin de son foyer. La grandeur des images diminue, pour une même lentille, à mesure que l'objet s'éloigne; elle augmente à mesure que l'objet se rapproche. L'image est d'autant plus nette, d'autant mieux définie, qu'elle est plus petite; elle est d'autant plus grossière, confuse, exagérée, qu'elle est plus grande. L'image d'un corps en relief ne peut jamais être complétement pure à un seul foyer, car les diverses parties d'un même corps ne sont pas sur un même plan. On ne peut donc obtenir de netteté absolue que pour les images des objets situés sur un seul plan ou qui, étant sur des plans différents, se trouvent à de grandes distances de l'objectif.

Mais, ce que nous venons de dire de l'objectif double destiné aux portraits, ne saurait s'appliquer à la lentille simple, destinée aux paysages et à la reproduction. Une monture munie de diaphragmes de diamètres différents donnera, suivant leur grandeur, plus ou moins de finesse; quel que soit le format de la reproduction, le dessin pourra être d'une parfaite régularité. Du reste, tout objectif à lentilles combinées pour le portrait peut, par une légère modification, passer à l'état d'objectif à paysage. Une monture en cuivre qui se visse elle-même sur la rondelle reçoit le barillet qui porte le verre antérieur de l'objectif à portrait, et cette monture, munie de diaphragmes, constitue un objectif excellent pour toute reproduction. Le premier principe de toute photographie, paysage, reproduction ou portrait, est de mettre le sujet au foyer. Il faut, pour cela, amener sur la glace dépolie l'image produite par l'objectif, en déplaçant le fond de la chambre noire, qui est mobile, puis à l'aide de la crémaillère de l'objectif on termine de mettre au foyer. Lorsque l'image paraît parfaitement dessinée sur la glace dépolie, on la retire alors et l'on met l'obturateur sur l'objectif; on introduit le châssis porte-glace sensible; on lève le volet du châssis, puis l'obturateur, et l'image se produit dans la chambre noire.

Des cuvettes.

Les cuvettes ou bassines destinées à la photographie ont une certaine importance et méritent d'arrêter un instant notre attention. Nous donnons la préférence aux cuvettes en gutta-percha, parce que cette substance ne se décompose point sous l'influence des agents chimiques, que ces cuvettes ne craignent pas la casse et qu'il est très-facile de les tenir propres. Chaque cuvette doit être exclusivement réservée à son usage spécial. Celle qui est destinée à l'hyposulfite de soude doit être exclue du laboratoire, ainsi que l'hyposulfite même qui, par sa nature, neutraliserait toutes les opérations négatives. La photographie exige l'emploi de six cuvettes, savoir :

La première, destinée au bain d'argent négatif; elle doit être profonde;

La deuxième, destinée au bain d'argent positif;

La troisième, au bain de sel;

La quatrième, au bain d'or;

La cinquième, au bain de soude;

La sixième, aux lavages.

Du châssis-presse positif.

Le châssis-presse positif, dont la plupart des opérateurs font encore usage, n'est nullement propre à remplir les conditions voulues pour aucun négatif, verre ou papier. Toute disposition qui ne permet pas de presser l'épreuve entre deux glaces parallèles est essentiellement vicieuse, quel que soit d'ailleurs le mécanisme appliqué. C'est pour obvier aux inconvénients de toute nature qui découlaient de l'imperfection de cet engin primitif que nous avions, il y a plus de deux ans, mis dans le commerce un châssis à double glace. Ce châssis, pour lequel nous avions pris un brevet, diffère essentiellement de ceux dont on se sert généralement; il devrait être dans les mains de tous les opérateurs, puisqu'il est aujourd'hui dans le domaine public; son seul défaut est d'être d'un prix trop élevé; cependant il est tellement avantageux sous le rapport de la manœuvre et de la perfection des épreuves, que nous n'hésitons pas à conseiller aux opérateurs son emploi, à l'exclusion de tout autre.

Du laboratoire.

Tout réduit obscur, entièrement fermé à la lumière, peut devenir un très-bon laboratoire. Quelques planches à hauteur d'appui pour supporter les cuvettes et les châssis, une tablette supérieure pour les substances chimiques, voilà l'installation, sinon complète, du moins suffisante pour un opérateur.

La lampe nous semble encore le meilleur moyen d'éclairer le laboratoire; mais nous ne saurions trop recommander la plus grande prudence par rapport aux matières inflammables qui s'y trouvent réunies.

L'éther, l'alcool, le collodion, ne doivent y entrer que dans la quantité rigoureusement nécessaire à l'opération. En collodionnant la glace, l'opérateur se tiendra aussi loin que possible de la lumière, et s'abstiendra de toute modification ou mélange d'éther, de collodion, etc. Il ne touchera jamais aux châssis, aux cuvettes, aux flacons, etc., sans avoir d'abord lavé ses mains avec le plus grand soin, ce qu'il fera de même après chaque opération négative, ainsi que lorsqu'il fera des filtres ou qu'il touchera à ses papiers photographiques. Nous dirions volontiers que la photographie est une sorte de cuisine dont le mérite et le succès dépendent en grande partie de l'exquise propreté du cuisinier. On comprend, en effet, combien il importe que les substances photogéniques soient à l'abri de tout contact des agents réducteurs ou désiodants.

De la disposition de l'atelier de pose, et du mode d'éclairement.

Bien éclairer le modèle est une condition de réussite. L'éclairement venant du nord est le seul qui puisse donner un modelé convenable. En général, les opérateurs ne se rendent pas bien compte des moyens à employer pour placer le modèle dans les conditions les plus avantageuses d'ombre et de lumière; il est donc utile de faire connaître et de préciser les conditions indispensables à ce mode d'éclairement. Tout le monde ne possède pas une galerie vitrée, mais chacun peut se composer facilement, en quelque sorte improviser un atelier de pose des plus convenables. A la campagne, dans une cour, dans un jardin, quatre pieux, une toile tendue au-dessus, un fond de couleur grise, deux rideaux latéraux mobiles, peuvent suffire. Placé dans cette espèce de guérite, le modèle pourra, au gré de l'opérateur, être plus ou moins éclairé suivant son teint et le caractère de sa physionomie.

Dans tous les cas, on aura soin d'éclairer le modèle de manière à éviter les oppositions trop fortes d'ombre et de lumière, il faudra que le grand côté du trois quarts soit éclairé et que le petit côté soit dans la demi-teinte. Si l'on exposait le petit côté du trois-quarts à la lumière, l'ovale de la figure serait écrasé, le nez grossi, aplati et presque confondu avec la pommette de la joue.

Le portrait sera toujours très-difficile à bien faire, et demande beaucoup de goût; quelques notions de dessin de la part de l'opérateur ne seraient certainement pas superflues. Il n'en est pas de même et la difficulté est beaucoup moins grande pour les reproductions de dessins comme pour la reproduction de la nature morte. La seule condition à remplir pour le paysage, c'est qu'il soit éclairé par un soleil oblique, et pour la reproduction d'une gravure, qu'elle soit parallèle à la chambre noire. Le paysage veut beaucoup de lumière, et la gravure un éclairement solaire perpendiculaire. Ces deux reproductions, paysage et gravure, doivent être faites par l'objectif simple diaphragmé et une chambre noire à grand développement ou au moins munie d'une rallonge conique antérieure.

Des couleurs des habillements comparées aux tons de la figure.

L'action chimique de la lumière blanche est proportionnelle à son intensité lumineuse; mais il n'en est pas de même de la lumière colorée: les couleurs les plus lumineuses n'exercent presque aucune action photogénique; les moins lumineuses sont extrêmement actives. Ainsi, les rayons rouges, orangés, jaunes, n'impressionnent pas la couche sensible, au lieu que les rayons bleus, indigo, violet, et la partie invisible du spectre, la décomposent instantanément. En d'autres termes, les trois couleurs les plus brillantes de la palette sont, au contraire, en photographie, les trois couleurs ternes, et réciproquement, les trois couleurs ternes de la peinture sont les couleurs les plus brillantes pour la photographie.

Le blanc, réunion de toutes les couleurs, exerce une action très-vive ; le noir, ou l'absence de la lumière, n'agit point sur la couche sensible ; le jaune, l'orangé, etc., sont des couleurs inertes.

Si le modèle a une carnation éclatante, et qu'il soit habillé de couleurs ternes, il sera difficile, sinon impossible, d'obtenir des résultats satisfaisants, des rapports de ton convenables. La figure sera peut-être déjà solarisée, que les habits seront encore à l'état d'ébauche. Pour sauvegarder l'harmonie des tons avec une figure blanche, il faut, autant que possible, des habits de couleur photogénique.

Il ne faut pas seulement tenir compte de la couleur des étoffes, mais encore de leur nature ; telle figure, quel que soit son éclat, pourra venir à point, si le vêtement de la personne est en étoffe de soie brillante, quoique de couleur antiphotogénique.

On peut encore amoindrir les oppositions trop fortes entre la figure et les vêtements, au moyen d'un petit écran de carton noir de la forme et de la grandeur du masque. Cet écran est soutenu par une petite baguette noire qu'on agite devant le visage pendant les derniers instants de la pose. L'action lumineuse se trouvera ainsi réduite au degré désirable afin que les habits posent un temps plus long, dans le rapport de trois à deux.

Il y a encore une considération importante à envisager. Nous voulons parler de la longueur relative de la pose. Plus la pose est prolongée, plus l'image tend à s'affaiblir. Partant de ce principe, si un cliché est mal venu, s'il y a trop d'opposition, on peut en conclure que le temps de la pose a été trop court. Donc à mesure que la pose se prolonge, les oppositions s'affaiblissent, à ce point que l'excès de pose aboutirait à la plus insipide uniformité de ton.

Cette règle est particulièrement à observer quand on veut obtenir une grande harmonie dans la reproduction d'un paysage dont les contrastes tranchés pourraient faire douter de la réussite. Ainsi, des fabriques blanches dans des masses de verdure sont, pour le paysagiste, des causes d'insuccès. Il faut alors ne pas trop se préoccuper des parties blanches et donner à la pose tout le temps voulu pour obtenir le détail du dessin des masses de verdure ; on est presque sûr ainsi d'éviter l'écueil que nous signalons.

Portrait, paysage, reproduction, tout est soumis à cette loi : pose relativement longue, durée proportionnelle aux oppositions tranchées.

Du stéréoscope.

Le stéréoscope est une des plus merveilleuses applications de la photographie. Ce petit appareil, inventé par M. Wheatstone et modifié par sir D. Brewster, est tellement connu que nous n'avons pas besoin d'en faire la description. Qu'il nous suffise de constater que sans le secours de la photographie cet admirable appareil n'eût été qu'un simple instrument d'optique à l'usage des physiciens : en effet, aucun peintre n'a jamais pu et ne pourra jamais produire deux images identiques à deux reprises et de deux points de vue différents. Aussi s'est-on borné, pendant longtemps, pour les images en relief, à des figures géométriques composées d'un petit nombre de lignes droites tracées à la ligne et au compas. .

Pour obtenir des figures stéréoscopiques, deux appareils sont principalement en usage : l'appareil binoculaire, ou chambre noire composée de deux objectifs, et l'appareil monoculaire, ou chambre noire, munie d'un objectif seulement. Le premier de ces appareils est indispensable à celui qui veut obtenir et reproduire instantanément des vues animées. Le second ne peut être employé que pour le portrait. Chacun de ces appareils a, d'ailleurs, comme toutes choses, son revers de médaille. L'appareil binoculaire produit bien deux images du même coup, mais ces deux images ne sont point stéréoscopiques, car elles sont en creux. Il faut, pour obtenir le relief, leur faire subir un déplacement, ce qui nécessite des soins et du temps, chose toujours importante, surtout quand il s'agit d'un grand tirage. Toutefois, on peut remédier jusqu'à un certain point à cet inconvénient en faisant subir ce déplacement au cliché que l'on colle avec de la gomme arabique sur une autre glace, après cette opération.

La chambre monoculaire a cet avantage qu'elle donne des clichés stéréoscopiques qui peuvent être reproduits plus facilement. Mais comme il faut prendre les deux images à deux points de vue différents, c'est-à-dire à deux stations différentes, il n'est pas possible d'employer cet appareil à la reproduction de la nature en mouvement.

Il est bien évident que le relief donné par l'appareil monoculaire est un peu plus saisissant, mais cela ne suffit pas à compenser le défaut que nous avons signalé. Toute image, pour devenir stéréoscopique, doit être à 6 ou 7 centimètres de l'image symétrique. C'est la distance de l'écartement moyen des yeux qui doit être l'intervalle des deux images dans le stéréoscope.

Si l'on n'observe point ces principes, l'œil se fatigue en vain pour chercher l'effet, il perçoit deux images distinctes et ne reçoit pas l'impression du relief.

Si vous vous servez d'un appareil binoculaire, vous devez faire usage d'un petit calibre en glace de 6 à 7 centimètres, que vous avez soin de diviser, par une ligne au crayon, en deux parties égales. Cette ligne répond à celle que vous aurez tracée sur la glace dépolie, sur laquelle vous placez le sujet à reproduire, ou le personnage principal, si c'est d'un groupe qu'il s'agit.

Moyen de séparer les deux images obtenues par la chambre binoculaire et de les rendre stéréoscopiques.

Lorsque le cliché sera fait et verni, vous poserez le calibre sur le cliché, de telle sorte que la ligne médiane porte sur le personnage qui avait servi à la mise au point. (Nous supposons que vous commencez par l'image de gauche.) Tirez une ligne avec une pointe sur le vernis, et du côté gauche; reportez votre calibre sur l'image de droite; que la ligne médiane passe aussi sur le même personnage; tracez une ligne à l'extrémité du calibre à droite; faites passer le diamant sur les deux lignes que vous venez de tracer, détachez ces deux lisières, donnez encore un coup de diamant dans le milieu des deux images, puis, séparez-les et portez celle de gauche à droite.

Pour faciliter le tirage des épreuves positives, on peut coller sur un verre, avec une solution de gomme épaisse, les deux images rapprochées, et l'on a ainsi, par un léger travail, le bénéfice de la chambre monoculaire.

Du coton azotique.

La découverte du coton-poudre, ou fulmicoton, ou pyroxile, est due à M. Schœmbein, de Bâle. Le coton préparé pour la photographie prend le nom de coton azotique. Il est, en effet, peu balistique, quoique très-inflammable, et serait un très-mauvais coton-poudre. Le fulmicoton lui-même ne pourrait convenir à la photographie ; il se dissout peu dans l'éther.

Le collodion est le produit de la dissolution du pyroxile dans l'éther alcoolisé ; c'est un liquide de couleur ambrée, de consistance sirupeuse, qui, en se desséchant, devient insoluble et imperméable à l'air ; on tire parti de cette dernière propriété du collodion au profit de la chirurgie pour couvrir les plaies et les mettre à l'abri du contact de l'air.

Manière d'obtenir le coton azotique.

Sous le manteau d'une cheminée de laboratoire, ou en plein air, mettez dans un vase en porcelaine ou en verre :

Acide sulfurique pur. . . . . . 3 parties.
Azotate de potasse desséché . . 2 —

Remuez avec un agitateur, de façon à bien mélanger ; plongez, par pincée, dans ce mélange, du coton en carde pur et sec, un peu moins que le liquide n'en peut contenir ; complétez l'immersion avec l'agitateur, prolongez ce mélange pendant huit ou dix minutes ; enlevez la masse, toujours avec l'agitateur, et plongez-la dans l'eau distillée ; lavez et relavez soigneusement avec de l'eau souvent renouvelée, jusqu'à ce que le liquide ne présente plus de réaction sur le tournesol, et terminez l'opération en pressant le coton entre deux feuilles de papier buvard ; puis, faites sécher à l'abri de la poussière.

Du collodion normal.

Lorsque le coton azotique est complétement sec, il faut l'enfermer soigneusement dans un bocal afin qu'il soit à l'abri du contact de l'air. Mais il est mieux encore de le faire dissoudre immédiatement afin d'en obtenir de bon collodion normal.

Formule de cette dissolution :

	Grammes.
Éther à 56°.	100
Coton azotique.	3

Agitez et laissez reposer.

Vingt-quatre heures après, le coton ne sera pas encore dissous, il sera seulement désagrégé ; pour compléter la dissolution, il faut ajouter peu à peu, et en agitant le vase, de l'alcool de vin à 40°, jusqu'à ce que la dernière fibrine soit dissoute. Nous nous abstenons à dessein de donner la quantité d'alcool nécessaire à la dissolution complète, car un coton parfaitement réussi peut n'exiger qu'une très-faible quantité d'alcool, tandis qu'un coton vieux ou moins bien réussi, demande vingt-cinq ou trente pour cent d'alcoolisation.

Le collodion normal se conserve fort longtemps ; il n'acquiert même toutes les qualités qui le rendent propre aux opérations photogéniques qu'après quelques semaines de repos, pendant lesquelles le chimiste doit avoir soin d'agiter le mélange pour aider à la dissolution.

Du collodion photogénique.

Tous les iodures sont propres à la photogénie, mais on n'est pas encore bien fixé sur leur mérite comparatif. Il est évident que chacun de ces iodures a sa valeur particulière, mais leurs différentes qualités sont encore l'objet de tant de controverses qu'il serait difficile, sinon impossible, de déterminer rationnellement une préférence quelconque à cet égard.

Un mélange de bromure et d'iodure facilite la photogénie, moins peut-être, comme on l'a prétendu, parce qu'il augmente la sensibilité de l'iodure d'argent, que parce qu'il désagrége la couche du collodion qui, par cela même, devient plus perméable à la lumière et aux agents révélateurs.

En effet, il nous est bien démontré que si l'iodure de potassium est celui de tous qui donne les résultats les plus satisfaisants et les plus constants; c'est parce que sa nature intime lui permet de s'incorporer au collodion, qui conserve sa cohésion complète et sa ténacité, ce qui fait qu'il est moins sensible à la lumière. De longues et fréquentes expériences nous ont convaincu que le collodion qui répond le mieux à toutes les exigences, soit pour la reproduction, soit pour le portrait, soit pour le paysage, est celui qui fait le sujet de la deuxième formule de notre *Compendium*. Nous avons, depuis, modifié cette formule, en substituant l'éther à l'alcool, toujours impur et trop souvent de provenance toute autre que le vin. Avec l'éther ioduré, le collodion ne se trouble plus, et il suffit de quelques secondes pour que le mélange soit intime, et qu'il puisse être immédiatement employé.

Quant à sa durée inaltérable, nous en avons des preuves certaines. Après cinq mois de voyage, et à travers des chaleurs tropicales, un de nos élèves de Rio-Janeiro a obtenu les plus belles images en un temps de pose presque instantané. Depuis plus de dix-huit mois que nous avons découvert ce moyen de préparation, nous n'avons reçu que des éloges de tous nos collodions expédiés, soit en Espagne, soit en Amérique. Ni le climat ni le temps n'ont en rien altéré leurs propriétés.

Toutefois, et pour donner aux opérateurs les moyens d'employer les iodures qu'ils possèdent, nous ferons connaître quelques formules de liqueur génératrice propre à rendre le collodion photogénique.

Liqueur génératrice à l'iodure de potassium.

Première formule.

Dans un mortier de verre ou de porcelaine mettez :

Iodure de potassium. . . .	5 grammes.
Alcool de vin à 36°.	100 c.c.

Porphyrisez avec soin, mettez en flacon, agitez pendant quelques instants, laisser déposer, et filtrez deux ou trois jours après.

Collodion photogénique suivant la première formule.

	Centim. cubes.
Collodion normal dense.	40
Éther à 56°.	40
Liqueur génératrice.	20

Agitez le flacon, laissez reposer pendant une ou deux heures, filtrez en décantant ou décantez avec le plus grand soin.

Généralement, le collodion normal possède une densité variable qui permet, dans tous les cas, l'addition d'éther à 56°. Toutefois, nous ne prétendons pas, en ce qui concerne la fluidité et l'ioduration, déterminer un dosage rigoureux. Nous dirons même que très-souvent l'on sera obligé d'augmenter la dose d'éther ou celle du collodion normal suivant que la couche de collodion photogénique sera trop fluide ou trop épaisse, ou bien encore trop chargée d'iodure. Ce sont là de ces appréciations qu'il faut réserver à l'œil et à la sagacité de l'opérateur. On peut toujours remédier au manque d'ioduration en ajoutant quelques grammes de liqueur génératrice au collodion qui, dans le bain d'argent, n'aurait pas pris cette teinte opale diaphane, caractère distinctif d'un collodion convenablement ioduré, et qui doit lui faire atteindre son maximum de sensibilité.

Liqueur génératrice au bromure de cadmium.

Deuxième formule.

Porphyrisez avec le même soin que pour la

première formule et faites le mélange suivant :

Iodure de potassium	4 gr.
Iodure d'ammonium.	1 —
Bromure de cadmium.	2 —
Alcool de vin à 36°.	100 c.c.

Agitez le flacon pendant quelques instants, laissez déposer pendant vingt-quatre heures, puis filtrez.

Collodion photogénique suivant la deuxième formule.

	Centim. cubes.
Collodion normal	40
Ether à 56°.	40
Liqueur génératrice.	18 ou 20

Presque toujours ce mélange prend une couleur laiteuse et opaque, qui persiste pendant vingt-quatre heures. Il se fait un dépôt quelquefois assez sensible ; il faut alors filtrer en décantant avec soin.

Le collodion résultant de cette formule est très-propre à la reproduction des contrastes ; il se conserve longtemps sans altération très-sensible ; mais comme il est moins parchemineux que le collodion à l'iodure de potassium seul, il est, par cela même, plus facile à s'érailler sous l'action du châssis-presse pendant la reproduction.

Collodion à l'éther ioduré.

Deuxième formule.

Le collodion à l'éther ioduré est, sans contredit, le plus stable dans ses excellents résultats. Des expériences comparatives nous ont prouvé la supériorité de l'éther ioduré sur tous les alcoolés, quel que soit, d'ailleurs, l'iodure employé. Aujourd'hui surtout que l'alcool de betterave a pris la place de l'esprit de vin, le collodion préparé à l'alcool ne peut rester neutre; il rougit bientôt, et se décompose sous l'action des acides sorbique, malique, etc., que renferment les alcools de fécule.

	Centim. cub.
Collodion normal.	30
Éther à 56°.	30
Éther ioduré.	30

Il y a lieu de faire ici les mêmes remarques que pour les précédentes formules.

La température influant sur les liqueurs génératrices, ce dosage ne peut être considéré comme rigoureux. On pourra, si l'on destine le collodion à des positifs directs, diminuer la quantité d'éther ioduré afin que le collodion, moins sensible, soit dans des conditions voulues pour ce genre d'épreuves.

Le bain d'argent n'a pas à redouter la différence des bases des iodures divers qui sont entrés dans la composition des collodions qu'il a sensibilisés.

L'opérateur peut donc passer impunément d'un collodion à un autre sans être obligé de changer son bain d'argent.

NEGATIF SUR COLLODION.

Manuel opératoire.

Décaper la glace.

La glace peut être décapée de plusieurs manières. Si elle n'a point encore servi, l'ammoniaque pure est le liquide le plus convenable au décapage; si c'est une glace en service et qu'il s'agit de nettoyer, l'acide azotique pur ou faiblement mouillé sera préférable.

Dans le premier cas, un tampon de linge propre, imbibé d'ammoniaque et promené sur la surface de la glace jusqu'à ce que tout aspect graisseux ait disparu, doit suffire; on termine l'opération en frottant avec un nouveau tampon sec et propre, exclusivement destiné à cet usage; la vapeur de l'haleine condensée sur la glace devra offrir une couche homogène d'un gris perle, sans tache ni rayures. L'opération est la même dans le second cas, si ce n'est qu'il faut d'abord que la glace ait subi un premier lavage à l'acide et un second à l'eau avant d'être traitée par l'ammoniaque.

Si la glace est mal décapée et qu'elle accuse quelques taches produites par la buée, il devient inutile de continuer le séchage; il faut reprendre le tampon mouillé d'ammoniaque et décaper de nouveau.

Les glaces parfaitement décapées et séchées enfermées dans une boîte se conservent pendant plusieurs jours sans altération. Elles finissent, cependant, par se charger d'un limon atmosphérique, d'une espèce de corps gras ; il faut alors les décaper de nouveau.

Bain d'argent négatif.

	Grammes.
Eau distillée.	400
Nitrate d'argent.	24
Laissez dissoudre, puis ajoutez :	
Collodion photogénique.	25

L'addition du collodion dans le bain d'argent a pour but de lui donner promptement les qualités qu'il ne pourrait acquérir qu'après la sensibilisation de sept à huit glaces. Un bain neuf, un bain neutre, donnent quelquefois un cliché voilé, noirâtre ; mais, quelquefois aussi, le bain neuf donne un résultat superbe. On peut donc se dispenser d'abord de l'addition du collodion, on y aura recours si le bain ne fonctionne pas régulièrement.

En été, un bain acide est préférable à un bain neutre : il nous est même arrivé d'avoir recours à une forte acidulation acétique, pour obtenir des clichés limpides et vigoureux. Un bain relativement faible peut être employé en hiver ; en été, c'est tout le contraire.

On doit enrichir le bain d'argent après la préparation de dix ou douze glaces. A cet effet, on ajoute, au bain en service, une solution nouvelle, faite dans la proportion de sept pour cent. Le bain destiné à faire des positifs directs doit être dans la proportion de dix pour cent.

La plus grande propreté doit présider à toutes

les opérations de la photographie, mais surtout à ce qui concerne le bain d'argent et le collodion. Une glace mal décapée, des doigts sales, un atome d'hyposulfite, d'acide pyro-gallique, etc., sont autant de causes qui font avorter toutes les opérations.

L'hyposulfite, le cyanure de potassium, sont de véritables poisons pour les bains d'argent et les collodions. L'opérateur ne saurait prendre trop de précautions, pour que ces substances hostiles, qui se touchent presque dans le laboratoire, ne puissent se mettre en contact.

Agent révélateur.

	Grammes.	
Eau distillée. . . .	100	1re solution.
Acide pyro-gallique.	0,5	
Eau distillée. . . .	100	2me solution.
Nitrate d'argent . .	2	

La solution d'acide pyro-gallique employée seule sur la couche du collodion humide fait apparaître l'image sans le secours de la solution d'argent. Cette seconde solution est employée en mixtion avec la première, pour rendre plus vigoureuse l'image considérée faible.

Autre agent révélateur.

Sulfate de peroxyde de fer. .	5 gr.
Acide acétique.	5 c.c.
Alcool.	5 —
Acide sulfurique.	1 —
Eau distillée.	100 —

Ce révélateur, que quelques praticiens s'obstinent à regarder comme le seul capable de donner à l'image la douceur, la finesse, la fermeté, la profondeur, etc., n'est, en réalité, qu'un agent très-actif, il est vrai, mais ne possédant aucune des qualités qu'on lui attribue. C'est un réactif très-énergique, dont la métallisation laisse toujours à désirer, sous le rapport du relief et de la finesse. Ce n'est pas sans motif que nous avons dit, il y a déjà longtemps, que la seule qualité de cet agent était de réduire presque au même ton les couleurs diamétralement opposées; c'est pourquoi nous l'avons conseillé dans le cas où l'on aurait à reproduire les extrêmes opposés.

Agent fixateur.

Eau ordinaire.	300 c.c.
Hyposulfite de soude . . .	150 gr.

La saturation est nécessaire pour désiodurer le cliché. L'hyposulfite n'attaque point l'argent métallique, et sa présence plus ou moins prolongée sur le cliché n'altère en rien les demi-teintes de l'image. C'est donc à cet agent que nous donnerons la préférence, lorsqu'il s'agira des épreuves négatives.

Autre agent fixateur.

Eau distillée.	100 gr.
Cyanure de potassium. . . .	4 —

Cette solution, toxique, puissante et dangereuse, et dont les opérateurs ne devraient faire usage qu'avec les plus grandes précautions, est pourtant indispensable pour la fixation du positif direct. Beaucoup plus énergique que l'hyposulfite, elle dépouille le collodion de toute trace d'iodure non modifié, et forme, avec l'argent, un cyanure d'argent dont l'éclat est le plus grand mérite de ce procédé. Un demi-gramme d'iode sublimé, ajouté à cette solution, lui fait acquérir une propriété non moins dangereuse que précieuse pour l'épreuve. Sous son influence, l'image prend un aspect nacré du plus bel effet, mais elle risque de disparaître par l'action énergique de l'agent destructeur. Avec un peu d'habileté, on peut éviter ces inconvénients, et se rendre bientôt maître du procédé, lequel est de nature à rendre les plus grands services aux opérateurs.

Collodionner la glace et la sensibiliser.

En entrant dans le laboratoire, les diverses solutions, dont nous venons de donner les formules, doivent être préparées et mises en ordre, versées dans les cuvettes, etc. En un mot, tout ce qui est nécessaire aux opérations doit être, en quelque sorte, sous la main de l'opérateur. Papier joseph, papier buvard, etc., pinceaux, crochets, etc., tout doit être réuni pour concourir à la prompte et facile exécution du cliché.

Manuel opératoire.

1re *opération.*

Prenez horizontalement un angle de la glace avec la main gauche; enlevez la poussière avec le pinceau, versez le collodion, en petits filets continus, sur l'angle opposé et à trois centimètres des bords; faites, en même temps, un léger mouvement de la main gauche, pour attirer le collodion, d'abord, vers le corps, puis, vers le pouce, mais sans qu'il vienne le toucher, et, enfin, vers la tranche gauche de la glace jusqu'à l'angle opposé, pour le rejeter vers l'angle droit. Présentez le flacon sous cet angle, et recevez le collodion en excès. La main gauche ne doit point précipiter le collodion, mais seulement lui imprimer régulièrement la pente nécessaire, sous peine d'avoir une couche moutonnée. Pour éviter les rides, il suffit, aussitôt que le collodion a cessé de couler, de changer la position de la glace; si, par exemple, le collodion prenait son issue par l'angle droit, et que, pendant que tombe la dernière goutte, la main qui tient la glace ne l'inclinât pas sur la tranche droite, vous auriez des rides diagonales, de gauche à droite; si vous avez posé cette tranche sur du papier buvard, qu'elle mouille d'abord, vous pourrez la plonger dans le bain lorsqu'elle ne fera plus de tache sur ce papier. En été, cette opération doit être faite rapidement, afin que la couche de collodion n'arrive point trop sèche dans le bain; mais, en hiver, il ne faut pas trop se presser; l'air saturé d'humidité ne permettant pas au collodion de sécher aussi vite, et le côté de la glace par lequel le collodion a pris son issue étant plus humide, il y aurait alors une formation d'iodure d'argent anormal, et une tache s'étendrait jusqu'au quart de la glace.

La glace doit être plongée dans le bain, de telle sorte que le collodion soit en dessus. Pour obtenir cet effet, soulevez la cuvette avec la main gauche, posez la glace sur le haut, en la soutenant du doigt près du liquide, et laissez-la tomber en amenant le bain dans une situation horizontale, et assez vivement pour que le collodion soit couvert instantanément. Le liquide doit submerger entièrement la glace; autrement, tous les points laissés à nu par le bain seraient couverts de taches qu'on peut appeler *truitées*.

Imprimez un léger mouvement à la cuvette, afin que la nappe liquide, passant et repassant sur le collodion, lui enlève son aspect huileux. Le bain doit être au moins de une à deux minutes; on peut le prolonger sans inconvénient, mais, dans tous les cas, la solution d'argent doit adhérer complétement à la couche, et perdre entièrement son aspect huileux.

Soulevez la glace avec un crochet, appliquez un petit carré de papier buvard sur l'angle qui est sans collodion, prenez-la par cet angle, laissez tomber les premières gouttes: mettez la glace, humide encore, dans le châssis, couvrez-la d'une feuille de papier buvard, et faites l'épreuve (1).

(1) N'oublions pas que le laboratoire doit être dans une obscurité absolue, pour toute opération où il y a formation d'iodure ou de chlorure d'argent.

Exposition dans la chambre noire.

2e opération.

Il est bien entendu qu'avant de mettre la glace à l'œuvre, on a dû préparer une chaise, un appui-tête, une table, etc., tout un petit mobilier, qui encadre et remplisse le fond ; on a dû également donner la première direction à la chambre noire, placer le modèle et déterminer la pose. Ces précautions sont surtout nécessaires en été où, par un trop grand retard, la couche impressionnée pourrait se présenter trop sèche sous l'agent révélateur.

Cela fait, placez le modèle très-exactement au foyer sur la glace dépolie, et, de telle sorte que l'ensemble lui-même soit également au foyer, ce que vous obtiendrez en plaçant le corps du modèle presque de profil, pendant que la tête sera de trois quarts.

Enlevez la glace dépolie, et remplacez-la par le châssis porte-glace. Faites poser le modèle pendant un temps que votre expérience personnelle peut seule déterminer ; craignez moins de prolonger ce temps que de le tenir insuffisant. Nous devons nous borner, sur ce sujet, à quelques indications que l'opérateur intelligent saura bien approprier à tous les cas qui se présenteront dans sa pratique.

En pleine lumière directe, avec un objectif à portrait, on peut obtenir instantanément tous les objets à grande distance. Avec l'objectif à paysage et diaphragmé, on peut également saisir, en quelque sorte, au passage, les ciels nuageux, la mer, les vagues, les vaisseaux, etc.

En rapprochant les distances, mais en pleine lumière diffuse et avec l'objectif double, on peut aussi obtenir, à l'instant même, un portrait en pied de quelques centimètres de hauteur, tandis qu'il ne faut pas moins de 3 à 4 secondes pour un portrait plaque normale dans les mêmes conditions de lumière. Un monument blanc ou de couleurs claires peut être reproduit en 20 secondes avec l'objectif simple fortement diaphragmé. Le paysage vert demande 40 secondes, la gravure 3, 6 ou 10 minutes, suivant la distance de l'objectif au sujet, et en vertu de cette loi que la couche sensible est d'autant plus rapidement impressionnée que l'on opère à une plus grande distance du sujet, et d'autant plus fortement que le sujet est plus lumineux.

Quel que soit le temps de la pose, la couche sensible a été décomposée plus ou moins, et l'agent révélateur amènera l'image à un point plus ou moins près de la perfection. Si le temps de la pose n'a pas été assez long, l'image sera très-noire sur les parties lumineuses du modèle, et ne sera pas *venue* dans les parties noires. Si, au contraire, l'image est restée grise dans les parties blanches, ou si elle est grise également partout, c'est que le temps de la pose aura été dépassé.

Lorsqu'on a lieu de craindre que la couche sensible ait été peu ou mal impressionnée par l'effet d'une mauvaise lumière, on peut avoir recours à la solution de sulfate de fer qui vaut mieux alors que la solution d'acide pyro-gallique. Mais, si la lumière est blanche, et, que l'on pense cependant que la pose a été assez longue, c'est à l'acide pyro-gallique qu'il faut donner la préférence. Les différentes opérations que doit subir un cliché sont tellement minutieuses et compliquées, que l'opérateur peut quelquefois ne savoir à quelle cause attribuer son insuccès.

De toutes ces opérations, la plus difficile, c'est, certainement, l'appréciation du cliché. Un cliché, pour être parfait, doit venir, *inversement*, du même ton que le modèle. Le haut du front, la côte du nez, la pommette de la joue, en un mot, toutes les parties éclairées doivent être presque noires, et les autres parties dans des tons relatifs, c'est-à-dire inverses, d'ombre et de lumière. L'habit le plus noir doit accuser des détails dans ses parties les plus ombrées. Du reste, à la première épreuve positive qu'il fera, l'opérateur s'apercevra des défauts de son cliché. Si son cliché est faible, la figure sera grise, sans éclat, sans modelé; les habits seront sans détails et sans relief.

On peut quelquefois remédier à la faiblesse d'un cliché, même après les épreuves. Il suffit pour cela de le mouiller et de le soumettre de nouveau à la solution d'acide pyro-gallique mêlée d'argent.

Développer l'image.

Troisième opération.

Pour une glace normale, mettez environ

35 centimètres cubes de la solution d'acide pyro-gallique dans un vase en gutta-percha (1). Tenez la glace horizontalement, comme pour la collodionner; répandez le liquide sur la couche impressionnée, de telle sorte que la surface en soit entièrement couverte; maintenez la glace horizontalement pendant quelques secondes, l'image devra alors apparaître graduellement. Faites rentrer la moitié du liquide dans le vase, puis reversez de nouveau sur la glace. Prenez bien garde qu'aucune de ses parties ne soit laissée à sec, car le liquide n'adhérant point complétement à la couche, laisserait, en se retirant, comme sur un corps gras, des taches en forme de marbrures ou de racines. Renouvelez cette opération jusqu'à ce que l'image soit entièrement développée, ce dont vous vous assurerez en la regardant par transparence à 10 centimètres de la flamme de la lumière.

Lorsque l'image est en voie de formation par les arrosages successifs de l'agent révélateur, il faut tenir la glace de manière à ne pas perdre de vue les progrès de son développement, car si, dans beaucoup de cas, l'image se complète assez lentement pour que l'opérateur soit à même

(1) Ce vase, de forme élégante et commode, se trouve dans les laboratoires de M. Belloc, rue de Lancry, 16, qui en a fait construire de toutes les grandeurs. Cet opérateur prépare lui-même ses produits photographiques qu'il expédie et qu'il garantit, comme tout ce qui sort de ses magasins : objectifs, appareils, etc.

de juger et de suspendre l'effet du réactif, il arrive aussi parfois que l'image est à son dernier point dès le premier ou second arrosage ; il est alors urgent de chasser le réducteur en lavant la glace, ne fût-on pas même certain que le développement soit assez complet, car l'opérateur sera toujours maître de continuer le développement s'il juge l'image trop faible.

Il y a d'autant plus lieu d'agir ainsi qu'il vaut mieux avoir un cliché un peu faible que trop venu. Il n'y a point de remède à un négatif *noir*, tandis qu'on peut renforcer un cliché trop *faible* (1).

Fixer l'épreuve negative.

Quatrième opération.

Si l'épreuve est faible, on pourra fixer l'iodure sans le dissoudre, en versant dessus une faible solution d'hyposulfite de soude, 4 pour 100 à peu près, pendant quelques secondes. Le collodion conservera alors sa teinte opaline, et le cliché, quoique un peu plus long à donner son positif, n'en sera pas moins beau.

Mais si le cliché est dans les conditions vou-

(1) Pour les glaces de grandes dimensions, on peut commencer le développement dans une cuvette profonde et procéder de la même manière que pour sensibiliser la glace dans le bain d'argent. Si le cliché en une minute n'est pas complet par cette immersion, on reprend la glace, comme il est dit plus haut, et l'on continue le développement avec les deux solutions pyrogallique et argent.

lues, une solution saturée d'hyposulfite de soude sera plus convenable pour dissoudre complétement l'iodure d'argent non modifié par la lumière, et donnera au cliché le plus bel aspect, en ne laissant au collodion que la couche métallique argent.

Aussitôt que la dernière trace d'iodure aura disparu, il faudra également faire disparaître la dernière goutte du liquide fixateur si l'on ne veut voir des taches se produire sur le collodion, par le sel d'hyposulfite, ce qui rendrait le cliché impossible.

Ce lavage exécuté radicalement, appliquez la glace par un de ses angles, sur du papier buvard, et appuyez sur l'angle opposé, en ayant soin que le collodion soit du côté du mur.

La glace peut bien aussi être séchée devant le feu, mais non à la lampe qui pourrait casser le verre.

Lorsque le cliché est sec, si l'image est heurtée, ou si l'on a un grand tirage à faire, on peut, et l'on doit même le vernir au risque d'affaiblir l'épreuve, car c'est le seul moyen de conserver indéfiniment le négatif. Le vernis met le collodion à l'abri de toute injure, seulement il a l'inconvénient de donner aux lumières, c'est-à-dire aux noirs de l'image, une translucidité qui change en demi-teinte les points lumineux formant le relief de l'épreuve positive.

Aussi quel que soit le préservateur employé, solution de gomme, albumine, vernis aux différentes résines ou essences, l'effet étant toujours le même, l'opérateur doit faire tout son possible pour obtenir un collodion tenace et parcheminеux, qui lui permette de se passer de vernis.

PHOTOGRAPHIE MONUMENTALE.

Le procédé que nous venons de décrire est connu sous le nom de procédé humide ; il ne peut être mis en usage que lorsque l'opérateur est près de son laboratoire ; hors de là il n'est guère praticable ; car si l'on ne peut disposer d'une tente ou d'un abri quelconque qui lui en tienne lieu et qu'il soit obligé de préparer ses glaces avant l'excursion et de revenir ensuite dans son laboratoire pour y développer l'image, il suffit que dix minutes se soient écoulées pendant ces diverses opérations pour que la solution argentique qui a donné la sensibilité au collodion soit évaporée et laisse sur la couche iodurée du nitrate d'argent en excès. Ce nitrate dissoudra l'iodure, et le collodion deviendra collodion normal, taché seulement de quelques astérisques de sels d'argent.

Pour éviter tous ces embarras aux opérateurs qui fonctionnent loin de tout laboratoire, on doit modifier le procédé du collodion humide de la manière suivante :

Hydromélite.

Faites dissoudre dans un vase neuf et à chaud :

Miel blanc.	100 gr.
Eau distillée.	300 —

Lorsque la solution est faite, ajoutez :

Alcool de vin. . . . . 25 c.c.

Filtrez.

Reprenez la glace au sortir du bain d'argent (voyez page 35) ruisselante encore et prête à être mise en œuvre.

Le collodion, qui a puisé dans ce bain son principe sensible, à en même temps enlevé une assez grande quantité de la solution argentifère, qui, en séchant, eût détruit l'iodure d'argent de la couche.

Plongez donc la glace dans l'eau distillée, agitez la cuvette, changez cette eau deux ou trois fois, et finissez en rinçant la glace. Quand le collodion sera complétement débarrassé par le lavage de la solution argentifère superficielle, vous couvrirez la couche de collodion d'hydromélite et de la même manière que pour couvrir la glace de collodion, en laissant, toutefois, séjourner plus longtemps la masse du liquide; rejetez-la ensuite, répandez-y une seconde couche d'hydromélite, jetez-la encore, posez l'angle de la glace sur du papier buvard, puis enfin placez-la à l'abri de toute lumière.

Cette couche incristallisable conservera l'iodure d'argent presque aussi sensible que par le procédé humide; cependant, le temps de la pose devra être à peu près doublé.

Il est très-important, pour ce procédé, que la préparation de la glace soit faite pendant la nuit ou, du moins, dans un laboratoire complétement privé de lumière; préparées par ce moyen, les glaces se conservent sensibles pendant au moins quinze jours.

Après avoir impressionné la glace dans la chambre noire, il y a encore bien des précautions à prendre avant de la soumettre à l'agent révélateur.

Il faut lui faire subir encore à peu près le même lavage que lorsqu'il s'est agi d'enlever la couche d'hydromélite, la plonger dans un bain faible d'argent, puis la couvrir de la solution d'acide pyrogallique (page 39), et procéder aux autres opérations comme s'il s'agissait du collodion humide.

Méthode Taupenot.

Cette méthode, qui a aussi pour but de conserver au collodion une sensibilité presque égale à celle que possède le collodion humide, est bien véritablement un procédé sec qui ne laisserait rien à désirer, et auquel on n'aurait rien à reprocher, si ce n'était la double opération à long intervalle à laquelle doit se livrer l'opérateur.

Ce procédé est applicable à tout collodion de bonne nature bien ou mal ioduré, mais ioduré pourtant, car, quoi qu'en aient dit quelques professeurs, le collodion non ioduré ne saurait donner aucun bon résultat.

Traitez la glace comme pour le procédé hydromélite, et couvrez-la de la même manière, d'une couche d'albumine (1).

(1) *Préparation de l'albumine.*

Ayez des œufs frais, séparez la glaire du jaune, enlevez le germe, ajoutez à cette glaire un quart de son

Posez cette glace sur un angle, à l'abri du jour et de la poussière, laissez-la sécher à peu près 24 heures, puis, quand elle est sèche, mettez-la dans le bain suivant :

Eau.	100 gr.
Nitrate d'argent . . .	10 —
Acide acétique. . . .	10 —

Laissez-la dans ce bain pendant 2 minutes, lavez-la de nouveau comme il a été précédemment indiqué, et mettez-la dans l'obscurité absolue, sa sensibilité se maintiendra pendant plusieurs mois.

Pour révéler l'image, les mêmes précautions sont à prendre et les mêmes procédés à employer que pour l'hydromélite.

PROCÉDÉ MULLER (DE BOLBEC).

M. Muller, chimiste habile, amateur photographe expérimenté, a concilié les deux procédés hydromélite et albumine, par la formule suivante, qui, jusqu'ici, est réputée la meilleure.

poids d'eau distillée et 1 pour 100 d'iodure de potassium, soit :

	Grammes.
Glaire.	100
Eau	25
Iodure.	1,25

Battez fortement cette glaire jusqu'à neige épaisse, laissez déposer pendant vingt-quatre heures, puis servez-vous du liquide décanté.

Liqueur n° 1.

Mettez, dans un vase profond :

Blancs d'œufs, sans germe. 100 grammes.

Battez jusqu'à neige ferme, ajoutez à cette neige :

Eau distillée . . . . . . 90 grammes.
Créozote . . . . 10 gouttes

Battez de nouveau l'albumine pendant 2 ou 3 minutes, laissez reposer pendant 8 ou 10 heures, filtrez dans un linge fin et propre, puis conservez le produit dans un vase bouché à l'émeri.

Liqueur n° 2.

Faites bouillir pendant 5 à 6 minutes :

Miel blanc. . . . . 250 grammes.
Eau. . . . . 100 —
Noir animal. . . . . 5 —

Pendant que ce mélange est sur le feu, délayez un blanc d'œuf dans 100 grammes d'eau, versez le tout dans le liquide en ébullition, que vous laisserez bouillir encore pendant 3 ou 4 minutes; puis, filtrez au papier, et ajoutez 20 grammes d'alcool.

Ces deux liqueurs préservatrices, mises séparément dans des vases bien fermés, se conservent pendant longtemps sans altération.

La glace étant collodionnée et lavée comme pour les deux procédés que nous venons de décrire, faites, dans un vase, un mélange de :

Liqueur n° 1	20 centim. cub.
Liqueur n° 2.	10 — —

Et répandez-le sur le collodion comme vous avez répandu l'hydromélite, en prenant les mêmes précautions contre la lumière, afin de préserver la glace jusqu'au moment de la mettre en œuvre.

Quel qu'ait été le temps écoulé entre la préparation de la glace et la mise en œuvre, il faut, pour développer l'image, et avant de la soumettre aux agents révélateurs, la plonger dans un bain de :

Eau.	100 grammes.
Nitrate d'argent.	4 —
Acide acétique	6 cent. cub.

Après une minute de cette immersion, on peut traiter la glace comme celles qui ont été préparées par le procédé collodion humide, avec l'acide pyrogallique, etc. On voit que M. Muller, homme d'expérience et chimiste éclairé, a su mettre à profit les travaux de ses devanciers.

L'hydromélite de M. Belloc, combinée a l'albumine, est la plus sûre garantie de la sensibilité de l'iodure d'argent. L'albumine seule est trop cohérente ; l'hydromélite seule laisse l'iodure d'argent exposé aux poussières, tandis que le mélange de ces deux substances évite ces divers inconvénients et constitue ainsi un procédé parfait.

DES IMAGES POSITIVES PAR RÉFLEXION.

Quoique, à nos yeux, ce procédé soit sans valeur réelle, l'importance qu'y attachent certains opérateurs nous oblige au moins à le mentionner. L'engouement du public pour les portraits positifs directs s'explique par le prix auquel on peut les livrer. D'un autre côté, on conçoit parfaitement que les photographes vulgaires s'y livrent de préférence, par cela seul que ce procédé ne demande ni les soins ni les connaissances exigés par le procédé *négatif*. Quelques minutes suffisent pour la fabrication et la livraison d'un portrait qui peut être cependant d'une grande finesse et d'une grande ressemblance ; qu'importent alors les autres qualités, on en a toujours bien pour son argent.

Le procédé collodion donne toujours une image *amphitype*, c'est-à-dire invariablement négative par transmission et positive par réflexion. Mais il est bien rare qu'une image soit également bonne sous ce double aspect. Il y a donc lieu d'opérer différemment, selon qu'il s'agit d'obtenir un négatif ou un positif direct. Dans le premier cas, le temps de la pose devra être relativement plus long, et dans le second, beaucoup plus court. Dans l'un comme dans l'autre, quelques modifications apportées au bain d'argent, au collodion, à l'agent révélateur et à l'agent fixateur, pourront toujours améliorer et perfectionner sensiblement les résultats.

Bain d'argent pour positif direct.

Eau.	100 gr.	Modification du bain négatif.
Nitrate d'argent.	10	

Collodion pour positif.

Quelle que soit la nature du collodion et de l'iodure employés, ajoutez-y, par cent grammes, 2 centigrammes de la liqueur suivante :

Alcool à 40°.	100 centim. cub.
Brôme pur.	12 — —

Versez cette solution dans un flacon où se trouve déjà :

Chaux hydratée. . . . 12 grammes.

Fermez le flacon, agitez le mélange et ajoutez-y :

Acide chlorhydrique . . 2 centim. cub.

Laissez déposer, filtrez, etc. (1). On peut attendre de cette liqueur d'excellents résultats Quelques gouttes d'alcool iodé ou d'éther brômé peuvent aussi donner au collodion le plus nouveau les qualités qu'il n'acquiert qu'en vieillissant. Si donc l'opérateur possède un collodion rouge, peu propre au négatif, il peut se dispen-

(1) N'oubliez pas que le brôme étant une substance très-dangereuse, il y a lieu de prendre des précautions en débouchant le flacon et en opérant le mélange. Ces liqueurs, ainsi que celles d'éther brômé et d'alcool iodé, se trouvent à la fabrique de produits chimiques de M. Belloc, rue de Lancry, 16.

ser de le modifier en lui adjoignant l'une de ces liqueurs,

Bain révélateur.

Eau distillée.	100	grammes.
Sulfate de protoxyde de fer.	5	—
Alcool	5	—
Acide acétique cristallisable	5	—
Alcide sulfurique. . . .	1	—

Procédez de la même manière que pour le développement de l'image négative, sauf à en arrêter plus tôt l'effet.

Pour le positif direct, les grandes lumières du modèle ne doivent point être aussi noires que dans l'épreuve négative, et les parties sombres demandent à être à peine marquées.

Lavez l'épreuve avec soin, et plongez-la dans un bain de :

Eau	100	grammes.
Cyanure de potassium.	4	—

L'iodure non modifié disparaît à l'instant, et l'image positive, par réflexion, apparaît ou trop blanche ou trop noire, suivant qu'elle a été trop ou trop peu impressionnée.

Un lavage à l'eau ordinaire, un peu prolongé, achèvera de dégager l'épreuve, que l'on pourra ensuite faire sécher devant le feu, puis, toute chaude encore, couvrir du même vernis qui sert à protéger l'épreuve négative, lequel vernis est préférable au vernis noir qui donne une teinte jaunâtre à l'épreuve, et qui est plus difficile à employer. Lorsque le vernis blanc est sec, ce qui arrive en deux ou trois minutes, on peut poser l'épreuve sur le papier noir, et l'on obtient l'effet désiré.

Si l'on ne tient pas à conserver l'épreuve sur verre, on peut transporter le collodion sur toile cirée, sur papier noir préparé, etc. A cet effet, on pose le verre sur un cahier de papier, le collodion en dessus; on coupe un carré de toile ou de papier un peu plus petit que le verre; on fait chauffer la toile cirée et on l'applique sur le collodion, en commençant par une des extrémités et en avançant, peu à peu, vers l'autre. Posez une feuille de papier buvard, maintenez-la de la main gauche, pendant qu'avec la droite vous ferez adhérer la toile au collodion: enlevez la feuille de papier buvard, retroussez le collodion sur la toile cirée, que vous relèverez avec précaution par un de ses angles, et introduisez un léger filet d'eau entre la couche de collodion et le verre. Le collodion se détachera du verre et adhérera de plus en plus à son nouveau support. Suspendez le tout par un angle, et laissez sécher.

Transport sur papier albuminé de l'épreuve négative.

Le transport sur papier du négatif collodion n'est pas plus difficile et s'opère de la même manière que son transport sur toile cirée. Tout papier enduit d'un corps gélatineux ou albumineux est propre à cette opération. Le papier albuminé est cependant préférable. On le prépare comme s'il était destiné à une épreuve positive (page 56) : il n'est pas besoin d'avoir un papier spécial, il suffit de choisir le plus mince.

Lorsque le collodion transporté est sec, il est tellement adhérent au papier que nul frottement ne saurait l'en détacher.

L'image est alors à l'abri de toute altération, puisqu'elle est, en quelque sorte, enfermée entre le papier et le collodion.

L'épreuve négative a été redressée par le fait du transport, de telle sorte que, si on l'employait au tirage d'un positif par la méthode ordinaire, on obtiendrait une épreuve renversée. Il faut donc opérer autrement; pour que l'épreuve positive soit redressée, il faut poser sur la glace de fond du châssis le côté collodion, afin que le papier se trouve du côté de l'opérateur. Les rayons actiniques traverseront alors le collodion et le papier, et traceront sur la feuille positive une image un peu moins nette que si le collodion était en contact immédiat avec le papier chloruré, défaut auquel on peut remédier. Les avantages que ce procédé offre aux opérateurs en voyage, qui n'ont avec eux qu'une très-petite quantité de glaces, sont incontestables. Quant au défaut que nous avons indiqué, on peut le faire disparaître par le cirage de la feuille négative.

Si le papier-support est mince, s'il a été ciré avec soin, le cliché deviendra presque aussi diaphane que la glace, et l'image ainsi transportée, donnera une épreuve positive presque aussi belle que si le collodion fût resté sur la glace (1).

DU PAPIER POSITIF ET DES ÉPREUVES.

La préparation du papier destiné au tirage des positifs ne présente aucune difficulté sérieuse et avec quelques précautions, on peut toujours, et à coup sûr, arriver à un bon résultat.

Tous les chlorures ont la propriété de précipiter les sels d'argent à l'état de chlorure d'argent. Le sel de cuisine (chlorure de sodium) le plus commun est fréquemment employé, mais on préfère cependant le sel ammoniac qui a l'avantage de donner aux épreuves des tons moins rouges.

Il est évident que plus le papier sera beau, composé d'une pâte homogène, sans corps étrangers, sans inégalités, mieux il conviendra aux épreuves photographiques; la perfection de celles-ci tient à la perfection de celui-là, et malheureusement le meilleur papier est jusqu'ici bien loin d'être irréprochable ; il laisse toujours à désirer.

(1) Nous recommandons le procédé suivant :

On fait fondre de la cire vierge sur une capsule plate en doublé d'argent, supportée par un pied de niveau, au moyen d'une petite lampe à esprit de vin ou de tout autre ustensile capable d'opérer la fusion.

On pose la feuille négative sur cette solution, du côté du papier, et l'on extrait l'excédant de la cire avec un fer modérément chaud, entre deux feuilles de papier buvard.

Les papiers anglais en ont souvent approché, mais ils sont d'un prix si élevé pour la France, qu'on ne peut les considérer que comme un produit exceptionnel qu'il n'est guère possible d'employer dans la pratique ordinaire.

Le papier Saxe a joui longtemps d'une grande réputation ; il a même encore beaucoup de partisans, mais sa prétendue supériorité est exclusivement relative ; encore les papiers français ont-ils sur lui l'avantage du bon marché ; le papier Saxe a le grand défaut de donner peu de relief aux épreuves et de contenir des points métalliques qui font mettre l'épreuve au rebut : ajoutez à tout cela l'obligation de payer fort cher et d'avance une marchandise dont la valeur réelle est bien au-dessous de sa réputation. Cette réputation, il faut bien le reconnaître, est due à la prévention et à la légèreté du public français qui a une tendance naturelle à exagérer la valeur et par conséquent le prix de ce qui lui vient de loin.

Nous avons en France, à Angoulême, à Annonay, etc., des fabricants qui sont bien plus près de résoudre le problème d'un papier parfait, et dont les fabriques ont déjà depuis plusieurs années livré au commerce, des papiers où se trouvent quelques feuilles qui ne laissent rien à désirer. Or, ce papier nous semble bien préférable à celui de Saxe, puisque, après le tirage et après avoir rejeté beaucoup de feuilles, il est encore possible de réaliser une véritable économie, tout en ayant un excellent papier.

Depuis quelque temps nous nous servons

des papiers belges, très-purs, tenaces, sans trous ni boutons, et dont la pâte homogène par transmission laisse peu à désirer sous le rapport de son feutrage. Si cette fabrique continue dans cette voie, nous n'hésitons pas à lui prédire un très-grand succès (1).

Préparation du papier positif.

Première opération.

Faites dissoudre à froid :

Chlorure d'ammonium . . .	32 gr.
Eau.	800 gr.

Agitez la solution, filtrez dans une cuvette propre et destinée à cet usage, prenez par un angle inférieur une feuille de papier coupée de grandeur, plongez-la dans le liquide de telle façon qu'elle en soit couverte et qu'il ne se forme point de bulles à la surface ; glissez une seconde feuille sous la première, puis, une troisième sous celle-ci, et ainsi de suite jusqu'à cinq. Retirez ce paquet du liquide où il est plongé, enveloppez l'angle supérieur d'un petit carré de papier buvard et piquez-le contre une planche garnie de liége ; selon la saison, le séchage se fera plus ou moins rapidement, les feuilles s'isoleront d'elles-mêmes ; vous pouvez, par ce procédé, préparer en quelques minutes autant de mains de papier que de feuilles par l'ancienne méthode.

(1) Cette maison envoie ses papiers à M. Belloc, fabricant de produits chimiques, rue de Lancry, 16.

Papier salé albuminé.

Ce papier, à peu près exclusivement destiné aux petites images qui demandent le plus de finesse et de correction, donne des tons très-harmonieux, mais qu'il est assez difficile d'obtenir. De plus il salit les bains d'argent en leur abandonnant un dépôt albumineux qui nécessite l'emploi du kaolin. Il a en outre l'inconvénient de se recoqueviller sans cesse, si bien qu'il faut prendre les plus grandes précautions pour ne pas érailler le négatif, s'il n'est point protégé par un vernis.

Cependant la préparation albumineuse pouvant être de quelque utilité dans certain cas, nous devons en donner la formule.

Mettez dans un vase profond, après en avoir ôté le germe :

Blanc d'œuf.	400	gr.
Eau distillée	50	—
Chlorhydrate d'ammoniaque.	16	—

Battez jusqu'à ce que la mousse se soutienne, puis laissez reposer à l'abri de la poussière pendant vingt heures.

Au moment d'en faire usage, décantez le liquide dans la cuvette destinée au bain de sel. Prenez alors une feuille de papier par deux angles opposés et posez-la sur le bain de telle sorte qu'il ne se forme pas de bulles. Au bout de cinq à six minutes, retirez cette feuille, suspendez-la par un angle, et mettez, à l'angle opposé, un peu de papier buvard. Lorsque la feuille sera sèche, placez-la, avant de la soumettre à l'opération du bain d'argent, entre deux feuilles de papier buvard, et passez dessus un fer à lisser modérément chaud.

Le papier albuminé salé doit séjourner, plus longtemps que le papier salé ordinaire, sur le bain d'argent.

Deuxième opération.

Sensibiliser le papier salé.

Bain d'argent positif.

Eau distillée. . . . 300 gr.
Azotate d'argent. . . 60 —

Cette solution, faite d'avance, sera filtrée dans une cuvette destinée spécialement à cet usage. On aura soin de l'enrichir à mesure qu'elle s'appauvrira par la préparation des feuilles. Chaque feuille normale enlève à peu près 0,25 centigr. d'argent. Il est donc urgent, après la préparation d'une vingtaine de feuilles, d'ajouter à la solution appauvrie 50 centim. cub. d'eau et 12 ou 15 gr. d'azotate d'argent. Cette précaution maintiendra le bain d'argent au titre nécessaire et dans les conditions voulues pour obtenir, au virage et au fixage des épreuves, les tons les plus harmonieux.

Mettez, dans une cuvette plate, une couche de cette solution, épaisse de 5 à 6 millim. Prenez, par les deux angles opposés, une feuille de papier salé, et faites, à l'angle supérieur, une corne de 15 millim. environ, fortement reployée sur elle-même (1). Laissez, comme il a été dit pour l'opération précédente, tomber la feuille sur cette solution, de manière qu'il ne se forme pas de bulles. — Huit ou dix minutes suffisent pour obtenir un bon résultat. On pourrait aussi plonger entièrement la feuille dans le bain d'argent; l'épreuve n'en serait que plus belle. Deux minutes de bain suffiraient à la préparation complète de la feuille; mais il y aurait une plus grande quantité de nitrate d'argent employée.

Si c'est par le second procédé que vous avez préparé la feuille, relevez-la avec le crochet d'argent par l'angle supérieur, et après l'avoir enveloppé avec un petit carré de papier buvard, piquez-la contre la planche étagère.

N'oublions pas que cette opération doit avoir lieu dans la plus complète obscurité. Lorsque les feuilles sont sèches, on les enferme dans un carton, sans les tasser.

Il ne faut pas compter qu'après cette préparation le papier conserve longtemps sa blancheur (2), surtout en été; en hiver, on peut le garder pendant quatre ou cinq jours sans altération apparente; mais, ensuite, il prend une

(1) Le côté du papier qui doit être mis en contact immédiat avec le bain, offre un aspect feutré; l'envers, au contraire, d'un grain assez grossier, est semblable à un tissu de toile. Il y a des papiers chez lesquels, avant la première opération, le feutre et la trame se confondent de prime abord.

(2) On a, depuis quelques mois, mis dans le commerce des appareils conservateurs, ayant pour but de

teinte violette ou fauve très-prononcée, et dès lors il n'est plus dans les conditions pour donner de belles épreuves.

Troisième opération.

Tirage de l'épreuve positive.

Nettoyez avec soin la glace qui porte l'épreuve négative et la glace du châssis-presse; posez le négatif sur la glace du châssis, le collodion en dessus; couvrez-le avec le côté préparé du papier positif, sur lequel vous ajouterez quatre feuilles de papier; abaissez les deux volets à glace, et mettez les crochets.

Exposez le châssis aux rayons directs ou à la lumière diffuse, mais toujours perpendiculairement à la direction du rayonnement lumineux.

On ne saurait déterminer le temps nécessaire à la venue d'une belle épreuve; cela tient à la lumière et aussi au cliché, qui peut être plus ou moins faible, plus ou moins opaque. En été, par un beau soleil, avec un cliché ordinaire, la

maintenir les papiers préparés dans leur entière blancheur. On attribue ce phénomène à la présence d'un chlorure hygrométrique, absorbant l'humidité de la boîte.

Quant à nous, à qui l'expérience a démontré que, lorsque l'air est saturé d'humidité, les papiers chlorurés se conservent huit jours entiers, tandis que, pendant les grandes chaleurs, les mêmes papiers jaunissent du jour au lendemain, il nous est difficile d'attribuer ce rôle au chlorure de calcium.

L'essentiel, après tout, c'est que, par le moyen de l'appareil, le papier se conserve blanc et bon; mais alors il y a là une cause que l'on ignore.

moyenne n'est que de dix à quinze minutes, tandis qu'en hiver, par un temps sombre, avec un cliché vigoureux, il ne faut pas moins de plusieurs heures, sinon même une journée entière.

Dans tous les cas, on doit laisser l'image *se faire* plus noire que le modèle, et dépasser le ton que l'on veut obtenir, puisqu'elle perdra naturellement au fixage, et qu'il n'y a pas moyen de renforcer une épreuve faible, tandis qu'on peut toujours affaiblir une épreuve trop venue. Du reste, il est facile de l'amener à point et de l'arrêter à temps, puisqu'on peut, à chaque instant, en ouvrant un volet, s'assurer du degré de vigueur et de développement auquel elle est parvenue.

Quatrième opération.

Fixage de l'épreuve positive.

Si, en sortant du châssis-presse, l'image restait exposée au soleil ou même à la lumière diffuse, les blancs noirciraient, l'épreuve serait perdue. On doit donc la fixer sans retard, c'est-à-dire qu'il faut dissoudre le chlorure d'argent non modifié par la lumière.

A cet effet, plongez-la, pendant une minute, dans une bassine remplie d'eau; puis baignez-la dans la solution suivante :

Eau ordinaire.	500 gr.
Hyposulfite de soude. . .	100 —

Tournez et retournez-la.

Vous pouvez opérer ainsi sur huit ou dix épreuves à la fois, en ayant soin de varier leurs positions pendant la durée du fixage, dont on s'assure en regardant l'épreuve par transparence : elle est fixée dès que la pâte du papier s'est purgée d'une espèce de *poivré* dans les blancs, c'est-à-dire que le chlorure libre est complétement dissous ; il ne reste plus alors qu'à dégager l'épreuve de la solution d'hyposulfite de soude, en la mettant dans l'eau. Ce bain renouvelé dix ou douze fois, d'heure en heure, assure à l'épreuve un fixage inaltérable et complet.

Après ce bain, vous pourrez sécher l'épreuve dans du papier buvard et la suspendre pour qu'elle se sèche complétement, ou bien la faire sécher devant le feu, si l'image est un peu faible; l'action du calorique lui fera prendre un ton plus noir et plus harmonieux.

Le fixage par l'hyposulfite neuf est évidemment celui qui rend les épreuves plus durables, mais il a le grave inconvénient de leur imprimer un ton roux sale qui ne compenserait pas le mérite d'un fixage inaltérable, si nous n'avions un moyen de changer ce ton en une couleur plus agréable.

Virage de l'épreuve.

Sel double d'or et de soude.

Dans un flacon, mettez :

Eau distillée. . .	400 gr.	1re solution.
Chlorure d'or. . .	1 —	

Dans un autre flacon de la capacité d'un litre, mettez :

Eau.	400 gr.	2e
Hyposulfite de soude.	4 —	solution.

Lorsque les deux sels sont dissous, versez la première solution dans la seconde, graduellement et en agitant. Cette solution composée constituera le sel double d'or et de soude, auquel nous aurons recours pour donner aux épreuves positives le ton que nous voudrons obtenir.

Premier moyen.

Si l'épreuve est fixée de longue date, ou, ce qui revient au même, si elle vient d'être fixée par la solution neuve d'hyposulfite, qu'elle soit d'un ton roux, il faut la plonger dans la solution de sel double d'or et de soude; quelques minutes d'immersion suffiront pour donner à cette épreuve le ton voulu, en passant successivement au rouge sépia, au noir et au bleu noir; l'opérateur pourra donc arrêter l'épreuve au ton qu'il trouvera préférable. Après ce virage, faites séjourner l'épreuve, pendant quelques heures, dans un bain d'eau renouvelé.

Deuxième moyen.

Le mode d'opérer que nous allons décrire est celui que nous préférons entre tous et dont nous conseillons l'usage à tout opérateur qui a beaucoup d'épreuves à fixer.

Lorsque l'épreuve sortant du châssis-presse est plus vigoureuse qu'il n'est besoin, plongez-la dans une bassine d'eau ammoniacale (10 p. 100 à peu près). En quelques secondes, elle passera d'abord à un ton rouge assez laid, auquel vous remédierez en la mettant dans une cuvette très-propre et en la couvrant d'une *faible* couche de sel double d'or et de soude (1).

Agitez le liquide dans la cuvette, en prenant soin que l'épreuve en soit toujours recouverte. Une minute après, cette épreuve sera devenue d'un très-beau noir bleu; mettez-la dans l'eau, rincez-la, et terminez le fixage dans le bain d'hyposulfite de soude. Cette opération faite, procédez comme il a été indiqué page 61.

Les deux moyens que nous venons de décrire pour opérer le virage des épreuves positives sont, au fond, identiques. Ils agissent tous les deux par les sels d'or, et l'un et l'autre ne peuvent s'appliquer qu'à des épreuves sur papier non albuminé et tirées à *point*; nous voulons dire un peu plus vigoureuses que le ton du modèle. Il y a un troisième procédé qui s'applique exclusivement au papier albuminé, dont le moyen de tirage a beaucoup d'analogie avec le premier, et qui n'en diffère que dans la durée du bain d'or. En effet, l'épreuve sur papier albuminé est toujours d'un ton rouge sépia. Or, pour obtenir le virage au noir, il ne faut pas moins de quatre ou cinq heures d'immersion dans ce bain; il convient même, pour parfaire l'opération, de plonger l'épreuve sortant du bain dans une so-

(1) Quand nous disons une *faible* couche, il est bien entendu que ce n'est que parce qu'il s'agit d'une solution d'un prix assez élevé; car il est évident qu'une plus grande quantité de liquide ne saurait nuire, au contraire.

lution vieille d'hyposulfite de soude, dans laquelle on a mis 1 gramme de chlorure d'or, et de la terminer par des lavages.

Il y a enfin un quatrième moyen, qui n'est applicable qu'aux épreuves trop *venues*, alors que les demi-teintes commencent à passer au gris-bleu, et que les ombres sont déjà d'un ton bronze. Lors d'un grand tirage, il n'est pas rare d'avoir à *dégrader* beaucoup d'épreuves de ce genre, et l'opérateur doit toujours avoir sous la main, à cet effet, un flacon de chlorure de platine acide, dont voici la formule :

Eau..	1,000 gr.
Chlorure de platine.. .	1 —
Acide chlorhydrique. .	20 —

Après avoir laissé l'épreuve dans l'eau pendant une minute, plongez-la dans cette solution : la dégradation de l'épreuve s'opérera avec tant de rapidité qu'il faudra la surveiller, afin d'arrêter à temps les effets de l'agent destructeur, en replongeant l'épreuve dans l'eau.

Cet agent mérite réellement le nom de destructeur, car ce serait son rôle naturel si son action s'exerçait une seconde de plus qu'il ne convient.

Lorsqu'après deux ou trois lavages successifs l'épreuve est complétement dégagée d'acide, on la fixe par les moyens ordinaires : bain d'hyposulfite de soude, lavage, etc.

Quelques opérateurs emploient ce dernier moyen, à l'exclusion de tout autre, pour fixer et pour virer leurs épreuves, ce qui nous semble peu rationnel, car le ton qu'on obtient alors étant invariablement le même, c'est-à-dire d'un noir froid, il peut en résulter un véritable contre-sens, comme, par exemple, lorsque l'on a à fixer une reproduction d'un ton chaud où le portrait d'un homme blond. Bref, les procédés de fixage au sel d'or ammoniacal donnent à l'opérateur la faculté de fixer son épreuve au ton voulu : excès d'ammoniaque pour le ton rouge; excès de sel d'or pour le ton bleu-noir.

L'épreuve positive étant lavée, séchée, c'est-à-dire complétement terminée, doit être montée sur un carton, satinée, vernie, etc. (1).

Le petit portrait en pied, dit *carte de visite*, est ordinairement livré au gélatineur ou au vernisseur qui lui fait subir des préparations brillantes, au moyen desquelles on le croirait sous verre. Mais ces opérations sont du domaine de l'industrie parisienne; en nul autre lieu, on ne peut faire gélatiner ou vernir. Du reste, ce genre de vernis ne saurait convenir à une grande épreuve. Une expérience de sept années nous a convaincu que l'encaustique est la meilleure substance pour cette opération.

Pour coller une épreuve, on fait usage d'une dissolution à froid de gomme arabique. L'épreuve étant couchée sur une feuille de papier buvard,

(1) L'encaustique est certainement le préservateur le plus sûr en même temps que le vernis le plus fin et le plus facile à appliquer. Il est à la portée de tous les opérateurs. On le trouve tout préparé chez l'inventeur, Belloc, rue de Lancry, 16.

on passera sur l'envers, avec une éponge fine (et non avec un pinceau), le moins de colle possible; puis on l'appliquera sur un carton Bristol, et, après l'avoir couverte d'une feuille de même nature, on la soumettra au cylindre satineur à une faible pression d'abord; au retour, on enlèvera le carton-Bristol, on retournera l'épreuve sur la plaque d'acier, et l'on satinera par une pression plus forte du cylindre.

L'épreuve aura alors un lustre que l'encaustique (1) viendra perfectionner.

Prenez avec le doigt un peu d'encaustique que vous étendez sur l'image, de manière à ce qu'il n'y en ait que juste ce qu'il faut pour couvrir le papier. Procédez à un premier frottage avec un tampon de laine (étoffe mérinos); frottez encore dans tous les sens. Achevez de polir avec un tampon nouveau, en le manœuvrant avec assez de promptitude et de légèreté pour obtenir un brillant égal sur toute la surface, et sans rayures.

Ce vernis, pour l'épreuve, a un double avantage; il la conserve en la préservant du contact de l'humidité, et il permet de raviver son éclat par un léger frottage, lorsque la poussière l'a ternie. La gélatine, au contraire, et le vernis au

(1) *Formule d'encaustique :*

Mettez sur le feu, dans un vase neuf :

Cire vierge. . . . . 100 gr.

Lorsque la cire est fondue, retirez le vase du feu et ajoutez à ce liquide :

Essence de lavande. . . . . 100 —

Le mélange opéré, mettez en pot.

tampon ont le double inconvénient de jaunir l'épreuve en peu de temps et de se rayer au contact de tous les corps durs, sans compter que le brillant qu'ils donnent à l'épreuve la fait miroiter et fatigue la vue.

Du portrait et des fonds.

Un fond bleu indigo ou un fond gris ardoise est, à notre avis, la couleur la plus favorable au fond du portrait. En effet, sur l'une ou l'autre de ces nuances, la figure se détache sans dureté; quelles que soient la coiffure et la couleur des cheveux de la personne qui pose, le contour de la tête ne peut se confondre avec le fond et se silhouetter sèchement, ce qui arrive ordinairement, par deux effets contraires, sur un fond blanc ou sur un fond noir. Le fond noir ne détache point assez les vêtements, et le fond blanc les détache trop. Il faut, autant que possible, éclairer vigoureusement la tête et *éteindre* les habits. L'opérateur intelligent doit tendre à ce que la photographie ait l'aspect d'une belle *aquatinta*, et non celui d'une mauvaise et grossière lithographie.

Le public semble en avoir décidé autrement, si l'on en juge par la quantité de portraits sur fond blanc qui ornent les expositions des photographes. L'opérateur purement industriel doit être enchanté de ce goût étrange ou plutôt de cette absence de goût, car rien n'est plus facile que de faire un fond blanc, c'est-à-dire de ne pas faire de fond. Les opérations se trouvent ainsi simplifiées.

En effet, si malpropre que puisse être la glace, si grande que soit la négligence de l'opérateur, il suffit que l'espace couvert par la silhouette du portrait soit à peu près sans tâche pour que l'œuvre semble passable et puisse être livrée.

Il est absolument impossible d'obtenir sur un fond blanc le relief qu'on peut espérer sur un fond de couleur, car si, pour arriver quand même, à ce résultat on donne plus de vigueur au dessin, ce dessin est tellement grossier qu'il faut absolument le *nettoyer,* terme consacré qui exprime l'opération du *retoucheur*, pour, à l'aide du pinceau, pointiller ce dessin et rendre les ombres plus estompées. Ce genre de retouche a, malgré tout, le défaut d'aplatir, de bouffir, d'enlever ainsi tout le charme d'une belle photographie.

Cependant, comme un portrait qui ne laisse rien à désirer est rarement obtenu, il est à peu près indispensable de faire retoucher les épreuves.

Le fond blanc n'est pas la seule innovation utile au portraitiste. On est allé plus loin dans la voie de ce singulier progrès, et l'on a estompé la moitié de l'épreuve. C'est là évidemment un moyen habile et ingénieux pour dissimuler des jambes ou des mains mal venues, mal dessinées. Nous devons donc indiquer le moyen le plus simple pour obtenir ce genre d'épreuve.

Faites construire en un bois très-léger une boîte sans couvercle qui s'adapte parfaitement au châssis-presse; cette boîte doit avoir 10 ou 15 centimètres d'épaisseur; mais, dans cet état, elle jouerait le rôle d'obturateur et l'épreuve ne se formerait pas. Il faut donc que le fond de votre boîte soit à coulisse et percée, vers le milieu d'une ouverture ovale ou ronde, qui soit elle-même couverte d'une feuille de papier calque. La lumière, tamisée par le papier dioptrique, viendra former l'épreuve, mais avec des contours, dégradés, puisqu'elle sera limitée par la grandeur de l'ouverture. Le dessin sera moins dur, plus fade, plus flou, et s'il n'est pas toujours de nature à convenir aux artistes, il sera, du moins en général, au goût du public.

Nous avons dit que le fond de la boîte doit être à coulisse, pour pouvoir changer ce fond à volonté et réduire ou dégrader l'épreuve, en modifiant la forme ou la grandeur de l'ouverture, faire des ombres portées, etc.

FIN.

AU BUREAU DU COSMOS.

ANNUAIRE DU COSMOS

MANUEL DE LA SCIENCE

2e ANNÉE. — 1860.

1 beau vol. in-18 de 13 feuilles, 468 p., avec une carte de l'éclipse de 1860. Prix : 2 francs.

Cet ouvrage contient la suite des données scientifiques exposées dans la première année, et des notices sur différentes questions intéressantes dont l'extrait suivant de la table des matières pourra donner une idée :

Calendrier, données ordinaires, jours du mois, de la lune, saints, année russe, température et pression barométrique moyennes de chaque mois et de chaque jour, lever et coucher du soleil et de la lune, jours de l'année croissants et décroissants. — Table pascale. — Comput ecclésiastique. — Personnel éminent de la science et de l'industrie : Académies et sociétés savantes ; Bureau des longitudes ; Observatoire ; instruction supérieure ; conseils ; inspecteurs, comités. — Unités de mesures des différents peuples : France, Angleterre, Allemagne, Prusse, Autriche, Russie, Italie, Espagne, Turquie, États-Unis d'Amérique, Brésil, Inde, Chine ; mesures des peuples anciens. — Astronomie. Notions générales. Éclipses de soleil et éclipses de lune pour 1860. Éclipse de soleil du 18 juillet. Instructions de M. Faye. — Marées ; explication de ce phénomène. — Conseils hygiéniques des mois, par M. le docteur Foissac. — Nombres et données relatifs aux propriétés thermiques des corps. — Tables : chaleur spécifique, coefficient de dilatation, etc., etc. — Tableau des mélanges réfrigérants, etc., etc. — Nombres relatifs à la densité des corps. — Données numériques d'optique. — Essais de photométrie. — Renseignements relatifs à l'art des constructions. — Nombres et données relatifs aux différents moteurs. Tables : travail des moteurs animés ; effet utile des moteurs inanimés. — Locomotives et chemins de fer. — Notice sur les algorithmes, par M. Seguin aîné. — Considérations sur les tables de population et de mortalité. — Photographie, par M. Belloc, annales de la photographie ; procédé de photographie sur collodion, manuel opératoire.

www.ingramcontent.com/pod-product-compliance
Ingram Content Group UK Ltd.
Pitfield, Milton Keynes, MK11 3LW, UK
UKHW021009200726
13857UKWH00004B/1367